COLLECTION

DE

M. LE Dr RAYMOND

Faïences Françaises

ET ÉTRANGÈRES

PORCELAINES

EXEMPLAIRE DE H. STETTINER

COLLECTION

DE

M. LE Dr RAYMOND

FAIENCES FRANÇAISES

ET ÉTRANGÈRES

Porcelaines

PARIS. — IMPRIMERIE DE L'ART
41, rue de la Victoire, 41.

CATALOGUE

DES

ANCIENNES FAIENCES

FRANÇAISES

Des fabriques de Nevers, Rouen, Sinceny, Marseille, Aprey, Moustiers Niderwiller, Strasbourg, Lille, Limoges, etc.

DEUX TRÈS BEAUX PLATEAUX

EN VIEUX ROUEN

Faïences Hollandaises, Italiennes, Suédoises, Espagnoles, etc.

PORCELAINES DIVERSES

Vente après décès de Mme R***

EN VERTU D'UNE ORDONNANCE DE RÉFÉRÉ

HOTEL DROUOT, SALLE N° 3

Les Mercredi 14, Jeudi 15 et Vendredi 16 Novembre 1888

à deux heures.

Par le ministère de Me **NOTTIN**, commissaire-priseur
6, rue Saint-Georges, 6

Assisté de **M. CHARLES MANNHEIM**, expert, 7, rue Saint-Georges. 7.

EXPOSITION PUBLIQUE

Le Mardi 13 Novembre 1888

de une heure à cinq heures.

CONDITIONS DE LA VENTE

Elle sera faite au comptant.

Les adjudicataires payeront *cinq pour cent* en sus des enchères applicables aux frais.

L'exposition mettant le public à même de se rendre compte de l'état des objets, il ne sera admis aucune réclamation une fois l'adjudication prononcée.

DÉSIGNATION DES OBJETS

1 — Fabrique de Palissy (?). Plat rond à ombilic, reproduction d'une œuvre de François Briot, à couverte d'émail bis, les reliefs se détachant sur fond bleu marbré.

L'ombilic représente la figure du dieu Mars; le pourtour bombé ainsi que le marli offrent des figures allégoriques des saisons et des quatre parties du monde, reliées par des cariatides et des ornements variés.

Le revers, resté à l'état de biscuit, porte quelques taches d'émail blanc.

Diam., 48 cent.

2 — Fabrique de Nevers. Plat rond, décor bleu et manganèse. Au centre, groupe de cavaliers dans un paysage; au marli, compartiments de fleurs reliés par des ornements.

Au revers, initiales de Jacques Bourdu, ouvrier chez Antoine Conrad.

Collection Dupont-Auberville.

Diam., 43 cent.

3 — Fabrique de Nevers. Deux petits vases à pans, forme carafe, avec renflement au col. Figures allégoriques de la pêche représentées par des enfants se détachant en couleurs sur fond bleu. Première époque.

Haut., 24 cent.

4 — Fabrique de Nevers. Buire de forme antique, de décor analogue aux vases qui précèdent, et pouvant former garniture avec lesdits.

Haut., 28 cent.

5 — Fabrique de Nevers. Gourde piriforme aplatie, à deux anses placées latéralement. Décor de fleurs et d'oiseaux en blanc et jaune sur fond bleu de Perse.

Haut., 32 cent.

6 — Fabrique de Nevers. Petit vase balustre, décor de fleurs en blanc et jaune d'ocre sur fond bleu de Perse.

Haut., 17 cent.

7 — Fabrique de Nevers. Coupe ronde à fond bleu de Perse, décorée d'oiseaux, d'un bouquet de fleurs et d'ornements.

Diam., 28 cent.

8 — Fabrique de Nevers. Potiche à décor bleu, sujet champêtre.

Haut., 30 cent.

9 — Fabrique de Nevers. Bouteille de pharmacie à panse sphérique aplatie et goulot droit. Décor bleu et manganèse à paysage et personnages de style chinois.

Haut., 28 cent.

10 — Fabrique de Nevers. Bouteille à panse sphérique et goulot cylindrique. Décor polychrome à figures de saints personnages dans un paysage ; inscriptions et date de 1751.

Sur le haut de la panse on lit :

J'appartiens, ce dit-on, à mon grand enemy,
Mais non ! car je te crois pour mon intime amy.

Dans le bas :

La provision du couvent faite en cérémonie.

Sainte Jeanne, saint Vivant. 1751.

Haut., 38 cent.

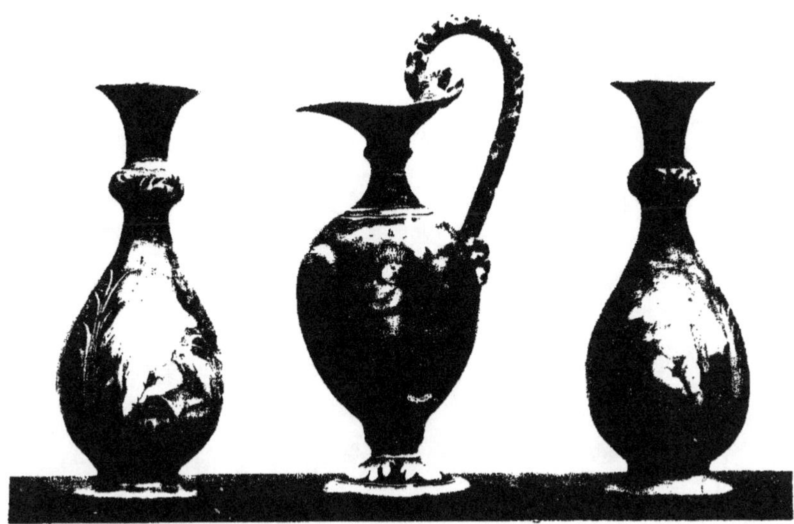

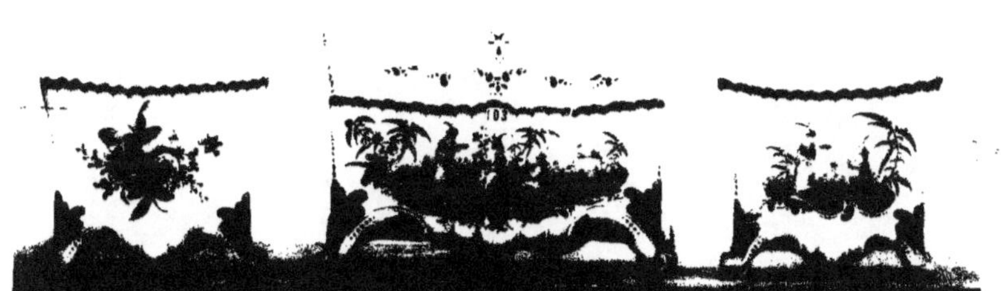

[illegible] A. [illegible] et G. [illegible] - Paris

11 — Fabrique de Nevers. Deux buires de forme antique, à une anse à torsade et décor bleu. L'une présente un paysage avec figures de style chinois, l'autre des fleurs, des fruits et des oiseaux.

Haut., 23 et 24 cent.

12 — Fabrique de Nevers. Grand crachoir oblong à deux anses à torsades, décor bleu et manganèse à paysages et figures chinoises.

Larg., 45 cent.

13 — Fabrique de Nevers. Jardinière ovale à deux anses à torsades, décor bleu à fleurs et ornements.

Larg., 43 cent.

14 — Fabrique de Nevers. Plat rond à décor bleu sur fond bleuté. Au centre, corbeille de fleurs ; au marli, trois compartiments de fleurs et attributs.

Diam., 47 cent.

15 — Fabrique de Nevers. Petit plat rond, décor bleu à compartiments de fleurs, oiseaux et poissons. On lit au revers : *De Conrade, à Nevers.*

Diam., 24 cent.

16 — Fabrique de Nevers. Jardinière oblongue à contours et à deux anses à torsades, décor bleu à fleurs.

Larg., 45 cent.

17 — Fabrique de Nevers. Grand pot à tabac de forme cylindrique, décoré de feuilles vertes. Sur la face, le mot : *Tabac.*

Haut., 48 cent.

18 à 25 — Fabrique de Nevers. Quarante-sept assiettes à décor bleu et polychrome, figures de saints personnages au centre et ornements au marli.

FAIENCES DE ROUEN

26-27 — Fabrique de Rouen. Deux grands et magnifiques plateaux rectangulaires, à moulure évasée au pourtour et à riche décor polychrome. L'un d'eux représente Vulcain entouré de divinités ; ce sujet se détache en couleurs sur fond noir. L'autre représente le Triomphe de Junon.

Le bord, à fond bleu, offre des groupes de fleurs ainsi que des médaillons renfermant des attributs divers.

Ces pièces sont de la même main que les sphères du musée de Rouen.

Pièces exceptionnelles et de la plus grande rareté.

Long., 63 cent.; larg., 45 cent.

28 — Fabrique de Rouen. Saladier rond et à côtes, décor bleu. Au centre, médaillon rond renfermant deux figures d'amours ainsi que des ornements. Au pourtour, lambrequins ornés et bouquets de fleurs.

Au revers, une marque inconnue.

Diam., 32 cent.

29 — Fabrique de Rouen. Assiette à décor bleu. Au centre, écusson armorié flanqué de lévriers et surmonté d'une couronne de marquis. Au pourtour, riches lambrequins à fond bleu reliés par des draperies et des groupes de fruits.

30 — Fabrique de Rouen. Assiette à décor bleu et rouille. Au fond, coupe de fleurs : au marli et à la chute, compartiments striés et fleurons.

31 — Fabrique de Rouen. Assiette à bords festonnés et décor polychrome de style chinois, personnages dans un paysage. Au revers, la marque W 3.

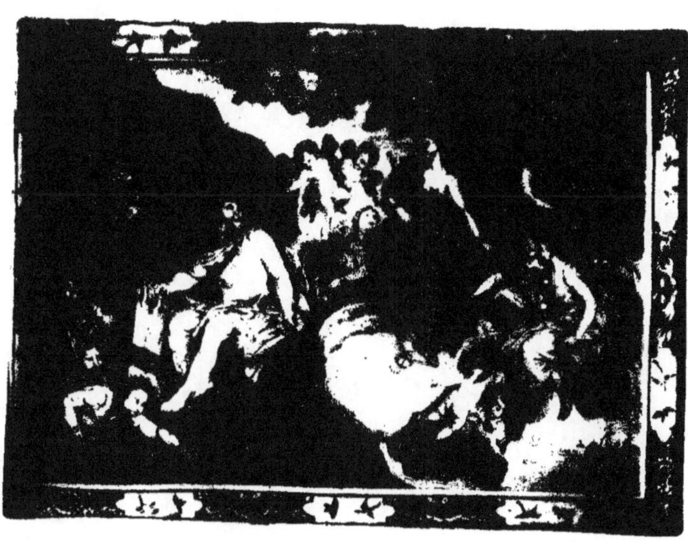

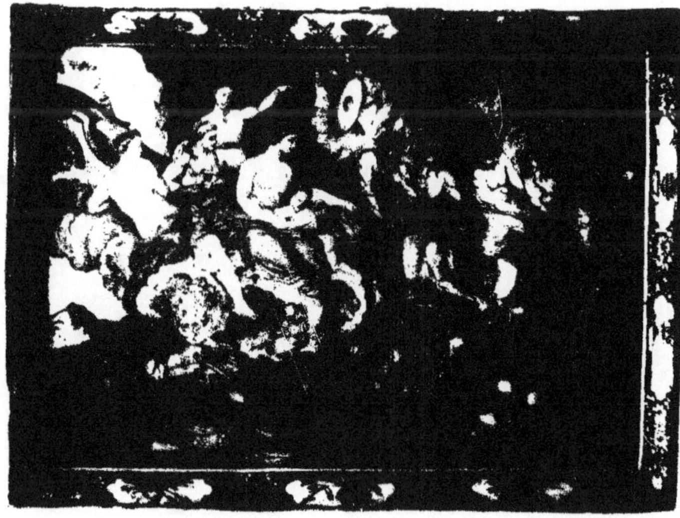

32 — Fabrique de Rouen. Assiette à bords festonnés et à décor polychrome. Au fond, corbeille de fleurs. Au marli, lambrequins ornés et guirlandes de fruits. Au revers, les initiales B. B.

33 — Fabrique de Rouen. Assiette à décor polychrome. Au fond, une corbeille de fleurs; le marli, à fond bleu, présente une couronne de fleurs et de fruits.

34 — Fabrique de Rouen. Assiette à bords festonnés, décor polychrome dit *au carquois*.

35 — Fabrique de Rouen. Assiette à bords festonnés, décor polychrome à fleurs.

Au revers, les initiales A. R. G.

36 — Fabrique de Rouen. Chauffe-mains en forme de livre, décor polychrome à ornements sur fond bleu, et cartouches jaunes à quadrillages noirs.

Long., 11 cent.

37 — Fabrique de Rouen. Chauffe-mains à décor d'ornements sur fond bleu, et à rosaces découpées à jour.

Collection Lefrançois, de Rouen.

Long., 9 cent.

38 — Fabrique de Rouen. Deux lévriers assis, décor polychrome.

Collection Lefrançois.

39 — Fabrique de Rouen. Broc à une anse, décor polychrome. Dans un médaillon, saint Jean assis; au pourtour, fleurs et guirlandes.

Il porte le nom de : *Mr Cliquet, 1782*.

40 — Fabrique de Rouen. Pichet à décor bleu et à rosaces découpées à jour. Il est couvert d'ornements, de fleurs et de festons de feuillages.

41 — Fabrique de Rouen. Aiguière forme casque, avec mascaron saillant sous le goulot. Décor bleu à rinceaux, faux godrons et ornements variés.

Haut., 30 cent.

42 — Fabrique de Rouen. Écuelle à deux anses, décorée d'ornements polychromes. Le couvercle, de décor analogue, a un serpent comme attache.

Diam., 23 cent.

43 — Fabrique de Rouen. Jardinière-applique et à pans, décor polychrome à figure de Chinois, fleurs et ornements.

Au dos : P gaufré en relief, et nom : *I. Perdu, 1734.*

Larg., 23 cent.

44 — Fabrique de Rouen. Aiguière forme casque à côtes, décor bleu à fleurs et ornements.

Haut., 29 cent.

45 — Fabrique de Rouen. Deux bouteilles de pharmacie à panse méplate, décor bleu à fleurs, draperies et ornements.

Haut., 26 cent.

46 — Fabrique de Rouen. Saucière à anse formée de branchages, décor polychrome *à la grenade*. Marque D. B.

Long., 26 cent.

47 — Fabrique de Rouen. Moule à fromage forme cœur, bouquets de fleurs en bleu, et armes de France en bleu, jaune et manganèse.

Larg., 17 cent.

48 — Fabrique de Sinceny. Grand plat à contours, décor polychrome à fleurs ornementales.

Larg., 65 cent.

49 — Fabrique de Rouen. Cache-pot à deux anses, décor bleu à ornements, et portant les lettres C. H. surmontées de la couronne royale.

Haut., 17 cent.

50 — Fabrique de Rouen. Deux petites fontaines-appliques et à pans, décor polychrome à fleurs et ornements. Leurs frontons se composent de deux dauphins et d'une coquille, et leurs goulots s'échappent d'un mascaron.

Haut., 36 cent.

51 — Fabrique de Sinceny. Plat rond à bords festonnés, semé de fleurs polychromes.

Diam., 32 cent.

52 — Fabrique de Rouen. Plat rond à bords festonnés, décor bleu; couronne d'ornements au marli et trois couronnes royales au centre. Revers émaillé brun.

Diam., 31 cent.

53 — Fabrique de Sinceny. Plat long à contours, décor polychrome à arbustes fleuris et oiseaux.

Long., 40 cent.

54 — Fabrique de Sinceny. Assiette à bords festonnés, décor polychrome à fleurs et sujet champêtre, dans le goût des faïences de Strasbourg.

55 — Fabrique de Sinceny. Petit plat long, décor polychrome : barque montée par deux Chinois.

Long., 32 cent.

150. — 56 — Fabrique de Rouen. Plat rond à bords festonnés, décor polychrome. Au fond, armoiries à fond jaune : au marli et à la chute, fleurons et lambrequins.

Diam., 38 cent.

57 — Fabrique de Rouen. Plat rond et creux, décor bleu à fleurs-arabesques et ornements. Première époque.

Diam., 36 cent.

58 — Fabrique de Rouen. Deux assiettes à décor polychrome dit *à la corne*.

59 — Fabrique de Rouen. Deux petits compotiers à bords festonnés, décor polychrome *à la corne*.

Diam., 20 cent.

60 — Fabrique de Rouen. Bannette oblongue et creuse à deux anses, décor polychrome. Au centre, une corbeille de fleurs sur des rinceaux ; au bord, ornements et fleurons.

Larg., 35 cent.

61 — Fabrique de Rouen. Assiette, décor polychrome dit à la pagode. Au marli, quadrillages verts et réserves de fleurs.

62 — Fabrique de Rouen. Jardinière ovale à deux anses et formant étagère. décor bleu à fleurettes et ornements.

Larg., 29 cent.

63 — Fabrique de Rouen. Fontaine et son bassin de forme arrondie, décor bleu à ornements, et portant un double écusson armorié.

Haut., 31 cent.

64 — Fabrique de Rouen. Porte-huilier à riche décor d'ornements en bleu et rocaille. Cette pièce a été transformée en encrier à l'aide d'une monture en étain.

Larg., 25 cent.

65 — Fabrique de Rouen. Porte-huilier analogue à celui qui précède mais sans monture.

Larg., 24 cent.

66 — Fabrique de Rouen. Soupière oblongue, décor polychrome à *la double corne.*

Larg., 34 cent.

67 — Fabrique de Rouen. Soupière ronde, décor polychrome *à la corne.*

Diam., 24 cent.

68 — Fabrique de Rouen. Aiguière, forme casque, à décor bleu.

Haut., 22 cent.

69 — Fabrique de Rouen. Théière sphérique, décor bleu à vases de fleurs et ornements.

70 — Fabrique de Rouen. Tasse hémisphérique avec soucoupe, décor bleu et rouille.

71 — Fabrique de Rouen. Porte-huilier avec burettes, décor polychrome.

72 — Fabrique de Sinceny. Jardinière-applique à pans, décor polychrome à paysage de style chinois.

Larg., 19 cent.

73 — Fabrique de Rouen. Deux jardinières cintrées et à côtes, décor polychrome dit *à la grenade.*

Larg., 27 cent.

74 — Fabrique de Rouen. Pot à eau avec bassin oblong à pans, décor polychrome à fleurs et ornements.

Hauteur du pot, 23 cent.
Largeur du bassin, 30 cent.

75 — Fabrique de Sinceny. Jardinière-applique à pans, décor polychrome à festons de fleurs.

Larg., 21 cent.

FABRIQUE DE ROUEN

PRODUITS DE LEVAVASSEUR

76 — Fabrique de Levavasseur. Assiette à bords festonnés et ornements gaufrés au marli, décor polychrome. Au centre, port de mer avec figures d'Orientaux; au marli, fleurs et ornements.

77 — Fabrique de Levavasseur. Assiette de même forme, décor polychrome à oiseaux et arbustes au fond, et fleurs et ornements au marli.

78 — Fabrique de Levavasseur. Assiette à décor polychrome; au fond, oiseaux dans un paysage, et jetées de fleurs au marli.

79 — Fabrique de Levavasseur (?). Belle assiette à bords festonnés, décor polychrome. Au fond, médaillon renfermant un sujet de bataille; au marli, jetées de bouquets de fleurs.

80 — Fabrique de Levavasseur (?). Assiette creuse à bords festonnés, décor polychrome à fleurs.

81 — Fabrique de Levavasseur. Assiette à bords festonnés et ornements gaufrés, décor polychrome à fleurs et ornements.

82 — Fabrique de Levavasseur. Assiette à bords festonnés, décor polychrome à paysage.

83 — Fabrique de Levavasseur. Deux verrières oblongues à deux anses, décor polychrome à sujets champêtres.

Larg., 33 cent.

84 — Fabrique de Levavasseur. Sucrier oblong sur plateau adhérent, décor polychrome à oiseaux dans des paysages.

Larg., 24 cent.

85 — Fabrique de Levavasseur. Sucrier analogue à celui qui précède.

Larg., 24 cent.

86 — Fabrique de Levavasseur. Soupière oblongue à deux anses et à quatre pieds, décor polychrome à bouquets de fleurs. Le couvercle est surmonté d'un artichaut.

Larg., 36 cent.

FABRIQUE DE MARSEILLE

87 — Fabrique de Marseille. Deux jardinières oblongues et à deux anses, décor polychrome à paysages.

Larg., 20 cent.

88 — Fabrique de Marseille. Deux jardinières carrées avec porte-fleurs mobile, décor polychrome à bouquets de fleurs et hachures bleues.

Larg., 13 cent.

135 – 89 — Fabrique de Marseille. Jardinière oblongue et à contours, décor polychrome à sujets chinois et oiseaux dans des paysages.

Larg., 19 cent.

90 — Fabrique de Marseille. Deux jardinières carrées à arbustes, animaux et oiseaux gaufrés en relief, et à décor polychrome.

Haut., 12 cent.

91 — Fabrique de Marseille. Soupière oblongue et à contours, avec couvercle surmonté de deux branches de fruits. Décor polychrome à fleurs et ornements gaufrés en relief, rehaussés de carmin.

Larg., 34 cent.

92 — Fabrique de Marseille. Assiette à bords festonnés, décor polychrome. Au fond, paysage avec monuments en ruine et personnages. Au marli, fleurs, coquilles et ornements.

93 — Fabrique de Marseille. Plat oblong à contours, décoré d'insectes et de jetées de fleurs.

Larg., 46 cent.

94 — Fabrique de Marseille. Plateau ovale à contours, décor polychrome à fleurs. Il porte la marque V. P., de la veuve Perrin.

Larg., 41 cent.

95 — Fabrique de Marseille. Plat long à contours, décoré de fruits et d'un groupe de poissons polychromes.

Larg., 39 cent.

96 — Fabrique de Marseille. Jardinière-applique de forme cintrée, à ornements en relief et décor de fleurs en camaïeu vert de Savy.

Larg., 20 cent.

97 — Fabrique de Marseille. Grande soupière ronde à deux anses doubles et à quatre pieds, avec ornements gaufrés en relief, rehaussés de carmin et de blanc, et décorée de bouquets de fleurs polychromes. Le couvercle est surmonté d'un chien.

Larg., 36 cent.

98 — Fabrique de Marseille. Soupière formée d'un chou, portant la fleur de lis comme marque, et accompagnée de son plat, décoré de fleurs polychromes.

Diamètre du plat, 36 cent.

99 — Fabrique de Marseille. Plateau ovale gaufré à l'imitation de vannerie et décoré de jetées de fleurs polychromes. Marque à la fleur de lis.

Larg., 23 cent.

100 — Fabrique de Marseille. Pot à crème portant la marque de la veuve Perrin. Il est décoré de figures de Chinois dans un paysage.

Haut., 5 cent.

101 — Fabrique de Marseille. Porte-huilier oblong et à contours, décor polychrome à fleurs et hachures bleues.

Larg., 25 cent.

FAIENCES D'APREY

102 — Fabrique d'Aprey. Deux seaux à rafraichir, à deux anses et bords supérieurs festonnés. Décor d'oiseaux et de paysages polychromes.

Haut., 20 cent.

103 — Fabrique d'Aprey. Garniture de trois jolies jardinières, dont une oblongue et deux carrées à quatre faces. Elles sont décorées de groupes de Chinois dans des paysages et de bouquets de fleurs, le tout en couleurs avec rehauts de hachures bleues et carmin. Belle qualité.

Larg., 21 et 14 cent.

104 — Fabrique d'Aprey. Pot à manche rond et à trois pieds, décor polychrome à paysage et oiseaux.

Haut., 25 cent.

105 — Faïence d'Aprey. Assiette à bords festonnés, décor polychrome. Au fond, groupe de Chinois dans un paysage reposant sur des ornements rocaille. Au marli, hachures en camaïeu carmin.

106 — Faïence d'Aprey. Assiette analogue à celle qui précède. Au fond, un Chinois tenant un oiseau.

107 — Faïence d'Aprey. Assiette à bords festonnés, décorée de jetées de fleurs polychromes.

108 — Faïence d'Aprey. Assiette analogue à celle qui précède.

109 — Faïence d'Aprey. Deux assiettes à bords festonnés, décor polychrome. Au fond, groupe d'oiseaux dans un paysage, et hachures carmin au marli.

110 — Faïence d'Aprey. Deux assiettes festonnées, l'une à décor polychrome ; au fond, une fleur ; au marli, compartiments à fond rosé et fleurettes dans les entre-deux : l'autre, à fleurs gaufrées en relief et décor polychrome.

111 — Faïence d'Aprey. Assiette à bords festonnés, décorée de jetées de fleurs polychromes.

112 — Faïence d'Aprey. Deux assiettes à bords dentelés, décor polychrome à oiseaux dans des paysages, au centre, et hachures rouges et insectes au marli.

113 — Faïence d'Aprey. Coquille à décor polychrome : au fond, un bouquet de fleurs ; au bord, hachures violettes et carmin.

114 — Faïence d'Aprey. Assiette à bords festonnés, décorée de fleurs et d'insectes polychromes.

115 — Faïence d'Aprey. Sucrier oblong avec plateau adhérent ; décor en camaïeu rosé, à fleurs et oiseaux : il est accompagné d'une cuiller à décor polychrome.

Larg., 24 cent.

FAIENCES DE MOUSTIERS

116 — Faïence de Moustiers. Grand plat ovale à décor bleu. Au fond, chasse au tigre, d'après Tempesta. Au marli, mascarons et ornements.

Larg., 57 cent.

117 — Faïence de Moustiers. Plat ovale analogue à celui qui précède. Au fond, sujet de chasse au lion : au marli, ornements et feuilles.

Larg., 60 cent.

118 — Faïence de Moustiers. Tasse haute à anse avec soucoupe, à médaillons polychromes à figures mythologiques et encadrements et guirlandes de fleurs en camaïeu jaune d'ocre.

119 — Faïence de Moustiers. Assiette à bords festonnés, décor bleu, dans le goût de Bérain ; au fond, Jupiter entouré d'oiseaux fantastiques et d'ornements : au marli, rinceaux et coquilles.

120 — Faïence de Moustiers. Petit plat à bords festonnés, à décor polychrome. Au fond, au-dessus d'un paysage et posée sur des nuages, la Vierge portant l'Enfant Jésus. Au-dessus, sur une banderole, le mot : *Moustiers*.

121 — Faïence de Moustiers. Écuelle ronde garnie, ainsi que le couvercle, de branches de fleurs en relief. A l'intérieur de l'écuelle et en décor polychrome, les figures de Vénus et de l'Amour. Au-dessus du groupe, l'inscription : *Madame Samar, 1768.*

Diam., 19 cent.

122 — Faïence de Moustiers. Pot à eau et sa cuvette de forme contournée, décor polychrome à médaillons, fleurs et ornements.

Hauteur du pot, 29 cent.
Largeur de la cuvette, 35 cent.

123 — Faïence de Moustiers. Grand plat ovale, à décor bleu, dans le goût de Bérain.

Larg., 52 cent.

124 — Faïence de Moustiers. Plat long et creux, décoré de grotesques en camaïeu bleu.

Larg., 45 cent.

125 — Faïence de Moustiers. Plat long à contours, décoré de jetées de fleurs polychromes.

Larg., 40 cent.

126 — Faïence de Moustiers. Grand plat long à contours, décor bleu, dans le goût de Bérain.

Larg., 54 cent.

127 — Faïence de Moustiers. Pot à deux anses têtes chimériques, à décor bleu, dans le goût de Bérain.

Haut., 21 cent.

128 — Faïence de Moustiers. Pot analogue à celui qui précède, décoré de jetées de fleurs polychromes.

Haut., 22 cent.

129 — Faïence de Moustiers. Deux pots de pharmacie, à couvercles à décor bleu, mascarons et ornements.

Haut., 34 cent.

130 — Faïence de Moustiers. Assiette à bords festonnés, décor polychrome à sujet chinois au centre, et coquilles et ornements au marli.

131 — Faïence de Moustiers. Plat long à contours, décor dans le goût de Callot, en camaïeu vert.

Larg., 41 cent.

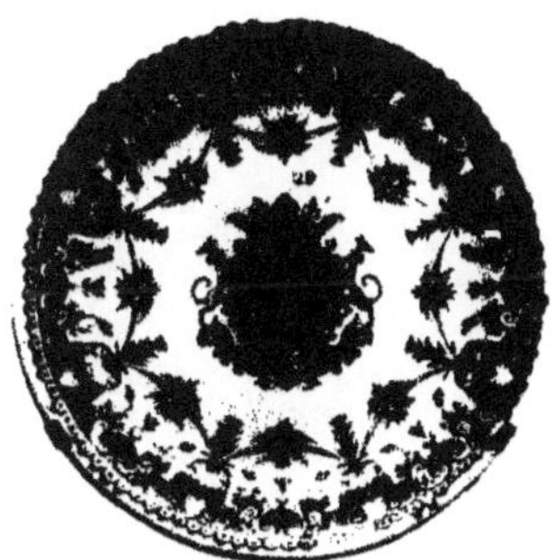

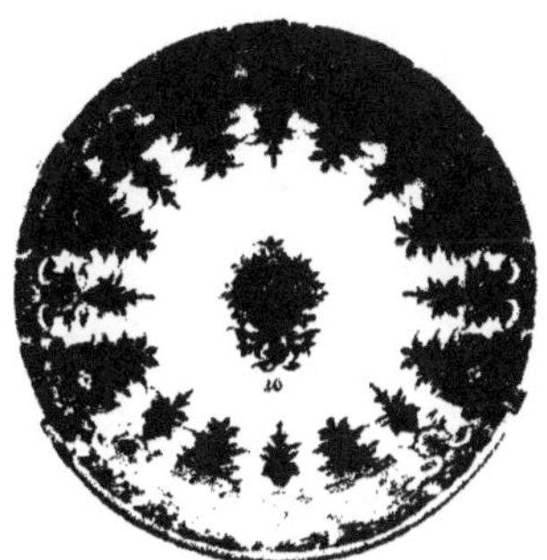

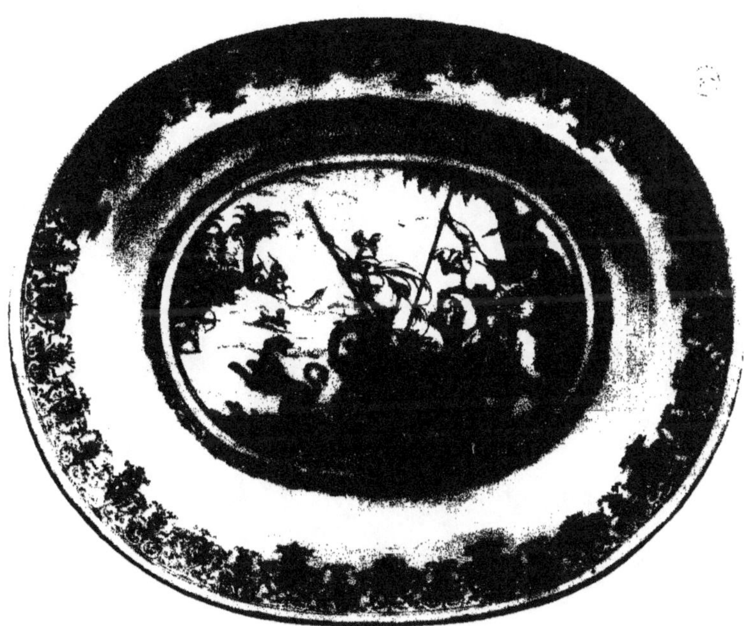

FAIENCES DE NIDERWILLER

ET DE LORRAINE

132 — Faïence de Niderwiller. Belle soupière oblongue à deux anses têtes d'oiseaux, couvercle surmonté d'un canari et de feuillages, et accompagnée d'un plat long à contours; décor de paysages et d'insectes en camaïeu carmin; les anses et le bouton du couvercle sont polychromes.

Largeur du plat, 44 cent.

133 — Faïence de Niderwiller. Jolie garniture de trois jardinières, dont une oblongue et deux carrées; ces dernières, décorées sur quatre faces. Elles présentent des médaillons d'oiseaux en camaïeu carmin, entourés de bandes verticales rosées et vertes alternant.

Larg., 21 et 13 cent.

134 — Faïence de Lorraine. Deux statuettes à décor polychrome : jardinier tenant une grappe de raisin et jardinière portant une corbeille de légumes.

Haut., 32 et 31 cent.

135 — Faïence de Lorraine. Groupe de deux figures à décor polychrome : le Chasseur entreprenant.

Haut., 23 cent.

136 — Faïence de Lorraine. Statuette de pêcheur au filet, décor polychrome.

Haut., 18 cent.

137 — Faïence de Lorraine. Vase ovoïde à couvercle conique et anses mufles de lions, décor polychrome à personnages chinois dans un paysage, et inscription : *au Vase sans pareil*, encadré de festons de fleurs. Le bouton du couvercle est en bois sculpté et le piédouche est en bois noir.

Hauteur totale, 73 cent.

138 — Faïence de Lorraine. Statuette de vendangeur debout, décor polychrome.

Haut., 19 cent.

139 — Faïence de Lorraine. Deux pièces : petit plateau oblong à angles arrondis et théière à décor polychrome, sujets chinois dans des paysages.

140 — Faïence de Niderwiller. Pot à eau et sa cuvette de forme contournée, à décor de paysages, d'insectes et d'ornements en camaïeu carmin.

Hauteur du pot, 22 cent.
Largeur de la cuvette, 34 cent.

141 — Faïence de Lorraine. Sucrier oblong avec plateau adhérent, décoré de fleurs polychromes.

Larg., 24 cent.

142 — Faïence de Lorraine. Petit plat long à contours, décoré de fleurs polychromes.

Larg., 36 cent.

143 — Faïence de Lorraine. Deux pièces : bénitier à cuvette formée d'une rose, et surmonté d'une tête de chérubin, et théière (sans couvercle), décorée de fleurs polychromes.

144 — Faïence de Saint-Amand. Assiette à bords festonnés, décor polychrome à fleurs, oiseau et insectes. Elle porte, au revers, un chiffre entre les lettres S. et A. Le tout en bleu.

145 — Faïence de Strasbourg. Porte-huilier oblong, dont le pourtour, ainsi que les galeries, sont composés d'ornements découpés à jour et décorés en couleurs.

Larg., 24 cent.

146 — Faïence de Strasbourg. Soupière oblongue à anses et attache du couvercle formées de branchages et de fruits, décor polychrome à fleurs.

Larg., 30 cent.

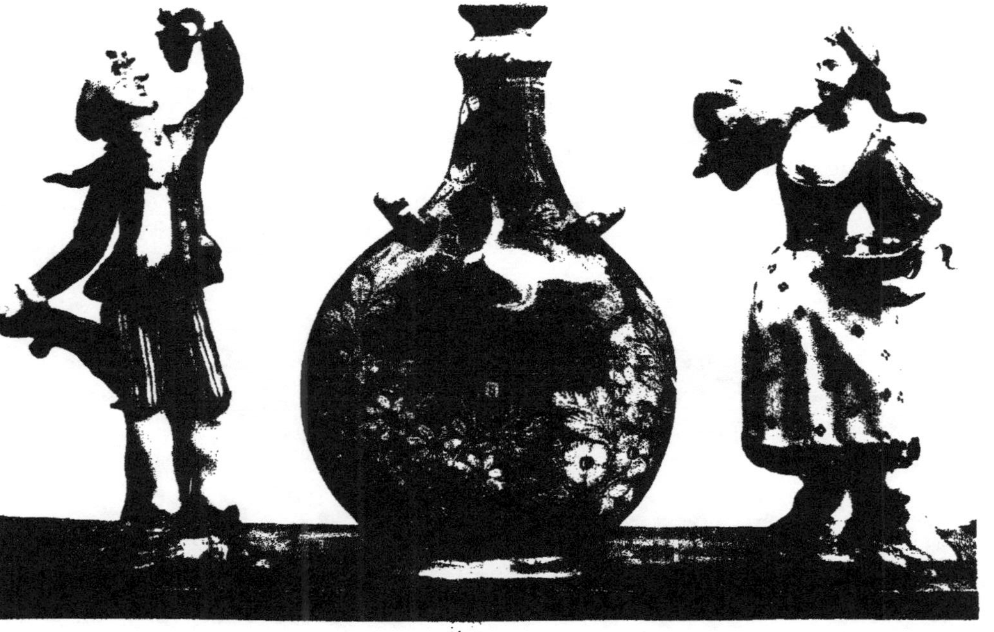

Phototypie A. Quinsac et G. Baque. Paris.

147 — Faïence de Strasbourg. Deux sucriers oblongs et lobés; l'un d'eux, avec plateau, décoré de jetées de fleurs polychromes. Marqués P. H. (Paul Hanong).

148 — Fabrique de Strasbourg. Deux pots cylindriques de pharmacie; inscriptions dans des couronnes de fleurs polychromes.

Haut., 29 cent.

149 — Fabrique de Strasbourg. Deux verrières oblongues, décor polychrome à fleurs

Larg., 35 cent.

150 — Fabrique de Strasbourg. Vase ovoïde couvert et à deux anses à ornements découpés à jour, décor polychrome à fleurs.

Haut., 23 cent.

151 — Faïence de Strasbourg. Deux seaux à rafraichir, à deux anses, décor polychrome à fleurs et hachures carmin.

Haut., 19 cent.

152 — Faïence de Strasbourg. Moutardier forme buire sur plateau adhérent, décor polychrome à fleurs et hachures carmin.

Haut., 12 cent.

153 — Faïence de Strasbourg. Belle assiette à bords festonnés, décor polychrome à large bouquet de fleurs. Elle porte les initiales de *Joseph Hanong*.

154 — Faïence de Strasbourg. Soupière oblongue à deux anses, décor polychrome à fleurs. Le bouton du couvercle est formé d'un fruit.

Larg., 28 cent.

FAIENCES DE SCEAUX

155 — Faïence de Sceaux. Jardinière-applique de forme cintrée, à fond rose granité et festons de fleurs.

Larg., 23 cent.

156 — Faïence de Sceaux. Petit plat rond à bords festonnés, décoré de fleurs. Marqué en bleu au poncif : *Sceaux*.

157 — Faïence de Sceaux (?). Plat rond à bords festonnés, décor polychrome. Au fond, chiens de chasse gardant du gibier ; au marli, oiseaux et insectes.

Diam., 31 cent.

158 — Faïence de Sceaux (?). Petit vase à deux anses mufles de lion et à couvercle, orné de festons de laurier. Il est décoré de frises à fond rose rayé de carmin et de rosaces dorées.

Haut., 21 cent.

FAIENCES FRANÇAISES DIVERSES

159 — Faïence de Limoges. Grande fontaine-applique, à contours et à goulot orné d'un mufle de lion en relief. Décor bleu à figures de style chinois et large écusson armorié dans le goût des faïences de Moustiers. On lit à l'intérieur : *Limoges, 1739*.

Haut., 39 cent.

160 — Fabrique de Lille. Cache-pot à deux anses arrondies et surélevées, décor bleu à ornements.

Haut., 20 cent.

161 — Fabrique de Lille. Théière sphérique, décor polychrome à ornements et festons de fleurs.

162 — Fabrique de Lille. Assiette à décor bleu, à rosace au centre et lambrequins au marli.

163 — Fabrique de Lille. Assiette à décor bleu de style rouennais. Au centre, médaillon rond renfermant deux enfants dansant ; au marli, ornements et lambrequins. Cette pièce porte dans le médaillon les lettres I. L. F., initiales de *Féburier de Lille.*

(Collection Delaherche.)

164 — Faïence de Lille. Petit vase décoré de fleurs et d'ornements en bleu.

Haut., 20 cent.

165 — Faïence de Paris. Plat rond à bords festonnés, décor polychrome : armes de France surmontées du bonnet phrygien et entourées de l'inscription : *Liberté sans licence.* Le revers émaillé brun porte en creux le nom d'*Ollivier à Paris.*

Diam., 32 cent.

166 — Faïence de Montpellier. Soupière oblongue à deux anses, à ornements gaufrés en relief et décorée de fleurs polychromes sur fond jaune.

Larg., 29 cent.

167 — Faïence de Montpellier. Assiette à bords festonnés, décorée de jetées de fleurs sur fond jaune.

168 — Faïence de Roanne (?). Soupière oblongue, à décor polychrome dans le goût de Callot. Le couvercle est surmonté d'un chien couché.

Larg., 31 cent.

169 — Faïence de Roanne (?). Plat long à contours, décor polychrome, fleurs, animaux et figure grotesque.

Larg., 39 cent.

170 — Faïence de Roanne. Deux assiettes à décor bleu, à figures chinoises dans des paysages; l'une ronde, l'autre à contours.

171 — Faïence de Roanne. Plat long à pans, décor polychrome à figure et brindilles.

Larg., 34 cent.

172 — Faïence de Rennes. Assiette décorée de médaillons : sujets chinois en bleu reliés par des rinceaux émaillés jaune et des fleurons bleus se détachant sur un fond violet pointillé.

173 — Faïence de Rennes. Assiette creuse, décor polychrome à coquilles, fleurs et ornements.

174 — Faïence de Rennes. Deux jardinières-appliques, cintrées et à côtes, décor polychrome de style rouennais.

175 — Faïence de Rennes. Boite oblongue à deux compartiments, avec couvercle surmonté d'une figure de moine couché.

Larg., 12 cent.

176 — Faïence de Marseille. Assiette à bords dentelés semés de fleurettes polychromes.

177 — Faïence de Moustiers. Cache-pot cylindrique, légèrement évasé et à anses têtes de satyres ; décor bleu dans le goût de Bérain.

Haut., 16 cent.

178 — Faïence de Varages. Assiette à bords festonnés, décor polychrome, à médaillon au centre : personnages dans un paysage, et rubans et festons de fleurs au marli.

179 — Faïence de Montpellier. Jardinière-applique de forme contournée avec couvercle, à ornements gaufrés en relief et décorée de fleurs polychromes.

Larg., 27 cent.

180 — Faïence de Varages. Deux écuelles à deux anses, à décor polychrome : l'une à fleurs, l'autre à sujets chinois.

181 — Faïence de Varages. Corbeille ovale à deux anses, décorée de fleurs polychromes à l'intérieur.

Larg., 30 cent.

182 — Faïence de Saint-Amand. Pot à eau décoré d'ornements émaillés blanc et brindilles polychromes. Il est garni d'une monture en argent.

Haut., 23 cent.

183 — Faïence de Moustiers. Porte-huilier oblong, à ornements découpés à jour et décor de fleurs et d'ornements en camaïeu jaune.

Larg., 25 cent.

184 — Faïence de Saint-Omer. Deux assiettes à bords festonnés, décorées de fleurs en blanc sur fond bleu.

185 — Faïence de Saint-Omer. Deux petites jardinières ovales, décorées de paons et d'arbustes en blanc sur bleu.

186 — Faïence de Clermont-Ferrand. Assiette à décor bleu, avec armoiries au centre et ornements au marli.

187 — Faïence de Clermont-Ferrand (?). Assiette à bords festonnés, décor bleu à armoiries et ornements, dans le goût de Bérain.

188 — Faïence de Clermont-Ferrand. Soucoupe décorée en bleu; au fond, écusson armorié; au pourtour, mascarons, cariatides et ornements.

189 — Faïence de Mont-de-Marsan (?). Deux jardinières-appliques de forme cintrée, décor polychrome à fleurs et faux godrons.

Larg., 23 cent.

190 — Faïence de Marseille. Plat long à contours, décoré de jetées de fleurs polychromes.

Larg., 38 cent.

191 — Faïence de La Chapelle-des-Pots (?). Plat ovale à marli godronné, en faïence marbrée.

Larg., 53 cent.

192 — Faïence de Douai. Écuelle ronde à deux anses, avec couvercle et plateau en faïence marbrée. Le bouton du couvercle est formé d'une branche de fleurs.

193 — Faïence de Douai. Grande soupière oblongue et son plat à décor marbré. Les anses et l'attache du couvercle sont formées de branchages.

194 — Faïence d'Apt. Porte-huilier composé de fleurs et d'ornements gaufrés découpés à jour et émaillés jaune uni.

Larg., 21 cent.

195 — Faïence de Rouen. Grand plat rond à décor bleu, à rosace fleurie au centre, dans une couronne d'ornements, et lambrequins au marli.

Diam., 53 cent.

196 à 198 — Faïence de Rouen. Quatorze assiettes et un saladier, décorés de figures de saints personnages en couleurs.

199 — Faïence d'Avignon. Pot-attrape à ornements gaufrés en relief et émaillés brun avec rehauts d'émail jaune et vert.

Haut., 24 cent.

200 — Faïence d'Avignon. Pot cylindrique garni de deux attaches à figures en relief et émaillé brun.

Haut., 15 cent.

201 — Faïence de Vron. Plat rond, décor polychrome, décoré d'ornements, de guirlandes de fleurs, d'oiseaux et d'un médaillon de paysage avec habitation, au-dessus duquel on lit : *Fait à Vron.*

Diam., 43 cent.

FAIENCES ÉTRANGÈRES

202 — Faïence de Delft. Deux potiches à pans et à côtes, avec couvercles, décor bleu à fleurs et médaillons de personnages.

Haut., 45 cent.

203 — Faïence de Delft. Potiche à pans et à couvercle, décor bleu à fleurs, ornements et paysages.

Haut., 48 cent.

204 — Faïence de Delft. Deux bouteilles à pans, décor bleu à fleurs et feuillages.

Haut., 35 cent.

205 — Faïence de Delft. Verrière ronde à décor bleu, ornements et armoiries. A l'intérieur, ornements et jet d'eau avec figures d'enfants.

Diam., 33 cent.

206 — Faïence de Delft. Sucrière cylindrique à couvercle en dôme, décor polychrome à fleurettes et ornements.

Haut., 19 cent.

207 — Faïence de Delft. Sucrière cylindrique à dessus bombé, décoré en bleu, à fleurs et ornements.

Haut., 12 cent.

208 — Faïence de Delft. Deux potiches à pans, côtelées et à couvercles, décor polychrome à médaillons, cerfs et oiseaux.

Haut., 26 cent.

209 — Faïence de Delft. Statuette de jardinière debout, tenant une corbeille de fleurs ; décor polychrome.

Haut., 26 cent.

210 — Faïence de Delft. Quatre petites potiches à pans et aplaties, décor polychrome à paysages.

Haut., 17 et 20 cent.

211 — Faïence de Delft. Plat rond, décor polychrome dit au tonnerre.

Diam., 31 cent.

212 — Faïence de Delft. Plat rond, décor polychrome à fleurs, oiseau et ornements.

Diam., 30 cent.

213 — Faïence de Delft. Plaque à angles arrondis et rentrants, décor bleu à paysage.

Larg., 28 cent.

214 — Faïence de Delft. Assiette à décor de rochers, fleurs, insectes et ornements de style japonais en bleu, rouge et or.

215 — Faïence de Delft. Deux assiettes, décor polychrome de style chinois dit aux perdrix.

216 — Faïence de Delft. Assiette offrant au fond une figure d'homme debout, en costume oriental, avec inscription : *Le Roy de Maroc*. Au pourtour et au marli, ornements et fleurs en bleu, vert et rouge.

217 — Faïence de Delft. Plateau à fruits de forme ronde et à contours, à décor bleu, fleurs et ornements.

Diam., 22 cent.

218 — Faïence de Pesaro. Plat rond, décor polychrome. Au fond, danse et concert d'animaux ; au marli, palmettes et ornements sur fond jaune d'ocre.

Diam., 39 cent.

219 — Faïence de Castel-Durante. Vase ovoïde décoré de trophées d'armes sur fond bleu, et à médaillon : Sainte Femme debout.

Haut., 36 cent.

220 — Faïence d'Urbino. Deux pots de pharmacie à panse ovoïde, décorés de grotesques sur fond blanc.

Haut., 17 cent.

221 — Faïence de Castelli. Coupe surbaissée à deux anses enroulées, et couvercle surélevé en trois parties, surmonté d'une figurine d'amour tenant un écusson armorié. Il est décoré de figures d'amours et de paysages.

Haut., 27 cent.

222 — Faïence italienne. Deux vases ovoïdes à anses à enroulements. Ils sont décorés de figures diverses dans des paysages et d'ornements.

Haut., 52 cent.

223 — Faïence de Castelli. Deux plaques rectangulaires représentant, l'une, la Toilette de Vénus ; l'autre, le Triomphe de Neptune.

Larg., 28 et 25 cent.

224 — Faïence de Castelli. Soupière oblongue avec plateau, décor polychrome à paysage.

Larg., 30 cent.

225 — Faïence italienne. Deux plats longs à contours, décor polychrome à fleurs, et bords rosés rehaussés de branches de fleurs.

226 — Faïence italienne. Assiette de décor analogue, avec armoiries de cardinal au centre.

227 — Faïence de Milan. Deux assiettes, décor polychrome à fleurs de style chinois.

228 — Faïence italienne. Deux petits plats longs à contours, à sujets chinois polychromes.

Larg., 30 cent.

229 — Faïence de Milan. Assiette à décor de fleurs polychromes de style chinois, et armoiries de cardinal au marli.

230 — Faïence italienne. Écuelle ronde avec couvercle et plateau à médaillons de paysages et ornements gaufrés en relief rehaussés de bleu. A l'intérieur de l'écuelle, on lit : *V. V. Primon Luigi.*

231 — Faïence italienne. Assiette à bords festonnés, décor polychrome ; au centre, rochers et arbustes ; au marli, ornements gaufrés en relief.

232 — Faïence de Lodi. Petite assiette et gobelet, décor polychrome à figures et paysages.

233 — Faïence italienne. Saucière oblongue avec couvercle et plateau, décor polychrome à fleurs.

234 — Faïence italienne. Écuelle ronde à côtes, décorée de fleurettes polychromes. Les anses et l'attache du couvercle sont formées de branches de vigne.

235 — Faïence suédoise. Plat rond à bords festonnés, décor polychrome à fleurs. Au revers, marque de la fabrique de *Rœrstrand*.

Diam., 32 cent.

236-237 — Faïence hispano-mauresque. Deux plats ronds à décor à reflets métalliques.

Diam., 35 et 37 cent.

238 — Faïence allemande. Fontaine-applique formée d'un dauphin émaillé vert.

Haut., 78 cent.

GRÈS

239 — Petite chope en terre émaillée de Munich, décorée d'un buste de femme et d'un sujet de chasse à l'ours. Elle est garnie en étain.

240 — Tonnelet en grès émaillé gris et bleu, portant à une de ses extrémités le buste de Jean III de Saxe, et de l'autre, le buste de Frédéric Ier.

241 — Cruche en grès émaillé brun, portant sur la frise les bustes en relief des électeurs.

242 — Pot-attrape en grès émaillé vert, à figures et ornements en relief.

243 — Cruche en grès émaillé gris sur fond bleu, portant en relief des vases de fleurs en relief.

244 — Chope en grès émaillé brun, à mascarons et ornements en relief. Elle est garnie en étain.

245 — Pot à tabac en grès gris et bleu, à colonnettes torses rapportées en relief, et portant des chiffres et la date de 1704. Sur le couvercle en étain, la médaille de Charles VI, empereur d'Allemagne.

246 — Grande cruche à panse conique en grès gravé à ornements, et émaillée gris et bleu.

247 — Cruche formée d'un ours assis, en terre émaillée, garnie en étain.

248 — Diverses cruches en grès, variées de formes et de décor.

PORCELAINES

249 — Pot à eau avec cuvette ovale et lobée, en ancienne porcelaine de Chine, décorés de fleurs polychromes avec rehauts d'or.

250 — Pot-attrape en ancienne porcelaine de Chine, à décor bleu à personnages et ornements.

251 — Plateau-présentoir en ancienne porcelaine dite de l'Inde, décor à fleurs, oiseaux et ornements émaillés en couleurs et rehaussés de dorure.

252 — Deux compotiers ronds en ancienne porcelaine de Chine, à fleurs gaufrées sous émail et décor de fleurs en émaux de la famille verte. L'extérieur, émaillé jaune café au lait, est rehaussé de fleurs.

253-254 — Lot d'assiettes en ancienne porcelaine de Chine et du Japon à décors variés.

255 — Moutardier avec plateau oblong à quatre lobes, en ancienne porcelaine dite de l'Inde, décoré de fleurs et d'ornements émaillés bleu et rehaussés d'or.

256 — Écuelle ronde à deux anses, avec couvercle et plateau, en ancienne porcelaine de Saxe à décor de fleurs et personnages en couleurs.

257 — Corbeille ovale à couvercle, et assiette ronde à marli découpé, en ancienne porcelaine de Saxe, décorées de fleurs et rehaussées de dorure.

258 — Deux salières forme contournée, en vieux Saxe, décorées de fleurs en camaïeu carmin.

259 — Plateau oblong à contours en porcelaine de Saxe, à fleurs gaufrées et décor moderne de fleurs.

260 — Plateau oblong et à contours, à deux anses, en porcelaine de Saxe à côtes fines gaufrées et décor bleu à fleurs.

261 — Deux pièces en ancienne porcelaine de Saxe ; flacon carré à thé, décoré de fruits et de fleurs, et poudrière carrée à bordure imbriquée sur fond rouge et décor de fleurs.

262 — Soupière ovale à deux anses et quatre pieds en ancienne porcelaine de Louisbourg, à fleurs gaufrées et peintes.

263 — Veilleuse incomplète en ancienne porcelaine de Frankenthal, à mascaron et fleurs en relief.

264 — Quatre assiettes en ancienne porcelaine de Louisbourg, à ornements gaufrés en relief et décor de fleurs en camaïeu violet.

265 — Boite en forme de coquille finement gaufrée en ancienne porcelaine de Saxe (?). Les pieds et le bouton du couvercle sont formés de coquillages décorés au naturel.

266 — Deux pièces en porcelaine de Frankenthal : compotier, décoré de fleurs, et assiette à marli gaufré à l'imitation de vannerie.

267 — Plat rond avec récipient intérieur en ancienne porcelaine de Copenhague, décoré de fleurs bleues et accompagné d'une cloche dômée, à feuillages gaufrés et découpés à jour.

268 — Deux plats, l'un rond, l'autre ovale, en ancienne porcelaine de Hœchst (Mayence), à marlis gaufrés à vannerie et décorés de fleurs.

269 — Grande soupière ovale à deux anses, en vieux Saxe, décorée de fleurs. Le couvercle est surmonté d'une figurine d'enfant.

270 — Trois coupes couvertes en porcelaine de Furstenberg, à décor bleu et ornements découpés à jour.

271 — Vase à panse ovoïde et à anses perlées en porcelaine blanche. Il porte la marque de la manufacture de Meissen.

272 — Tasse avec soucoupe, cafetière et pot à crème, en porcelaine de Vienne, décorés de figures allégoriques se détachant en couleurs sur fond brun.

273 — Deux saucières reposant sur des griffes de lion en porcelaine d'Allemagne, l'une décorée de fleurs, l'autre à pois et ornements violets.

274 — Deux tasses et une soucoupe en ancienne porcelaine de Zurich, décorées de sujets chinois.

275 — Cafetière en ancienne porcelaine de Venise (?), décorée de paysages avec rehauts d'or.

276 — Tasse haute à anse avec soucoupe en ancienne porcelaine de Frankenthal, décorées d'un arceau rocaille, de fruits, de fleurs et d'oiseaux. Elle porte la marque en creux de Joseph Hanong, qui fut directeur de la manufacture de Frankenthal.

277 — Tasse à couvercle avec soucoupe en ancienne porcelaine de La Haye, à bords bleus rehaussés de dorure et décor de fleurs et d'ornements. Dans un médaillon ovale rayé, la lettre B exécutée à l'aide de fleurs.

278 — Tasse et soucoupe en porcelaine de Derby, à bandes bleues et rehauts de dorure.

279 — Deux seaux en porcelaine anglaise (?), décorés d'insectes et de légumes.

280 — Théière en biscuit de Wedgwood, à figures blanches en relief sur fond bleu clair.

281 — Petit buste en porcelaine tendre blanche figurant l'Automne. Il est marqué d'une ancre émaillée vert.

282 — Sucrier ovale à couvercle en ancienne porcelaine de Sèvres, pâte tendre, décor dit feuille de chou. Belle qualité.

283 — Beurrier en forme de baquet à couvercle en ancienne porcelaine de Sèvres, pâte tendre, décoré de fleurs en camaïeu bleu.

284 — Deux sucriers, une théière et un pot à crème en ancienne porcelaine de Sèvres, pâte tendre, décorés de jetées de fleurs.

285 — Petit vase cylindrique à couvercle en ancienne porcelaine de Sèvres, pâte tendre, fond à œils de perdrix bleus et médaillons renfermant des pensées encadrés de feuillages dorés. Il est monté en bronze doré.

286 — Tasse cylindrique avec soucoupe en ancienne porcelaine de Sèvres, pâte tendre, fond gros bleu et médaillons : vues de parcs avec fleurs et oiseaux.

287 — Tasse forme vase avec soucoupe en ancienne porcelaine de Sèvres, pâte tendre, du temps de la République, fond marbré violet, médaillons-bustes décorés à l'imitation du bronze et rehauts de dorure.

288 — Deux compotiers, modèle coquille, en porcelaine tendre, à bordure bleu turquoise et médaillons de fleurs et d'oiseaux. Ils sont garnis de montures en bronze doré à cariatide de sirène.

289 — Assiette en porcelaine tendre, fond gros bleu, à riche décor d'or et couronnes de roses au marli.

290 — Assiette en porcelaine tendre, à rosace centrale, à fond bleu rehaussé d'or, festons de roses reliés par des rubans bleus sur fond à œils de perdrix d'or. Au marli, bande bleue rehaussée de dorure et couronne de feuilles de laurier.

291 — Grand plat oblong à anses à enroulements découpés à jour en porcelaine de Sèvres, pâte dure, à jetées de fleurs polychromes et rehauts de hachures bleues.

292 — Compotier en vieux Sèvres, pâte tendre, à rosaces et ornements gaufrés et jetées de fleurs en couleurs.

293 — Tasse cylindrique avec soucoupe en vieux Sèvres, pâte dure, à fond vert et frise à sujets chinois.

294 — Deux belles assiettes à bords festonnés, en porcelaine de Chantilly, à quadrillages bleus et médaillons de fleurs polychromes encadrés de feuillages et d'ornements dorés.

295 — Sucrier sur plateau adhérent, à quatre lobes, en porcelaine de Chantilly; décor bleu à fleurs.

296 — Assiette à bords festonnés, de même porcelaine et de décor analogue.

297 — Deux fromagères oblongues et à deux anses, en porcelaine de Chantilly, décorées de fleurs en bleu.

298 — Tasse évasée à anse avec soucoupe en porcelaine de Chantilly, décor bleu à fleurs.

299 — Tasse arrondie et godronnée avec soucoupe en ancienne porcelaine tendre de Saint-Cloud, décorée en bleu d'une bande d'ornements.

300 — Tasse haute à anse avec soucoupe trembleuse, de même porcelaine et de décor analogue.

301 — Sucrier en ancienne porcelaine tendre de Mennecy, décoré de bouquets de fleurs. Le couvercle est surmonté d'un bouton de rose.

302 — Statuette de Chinois accroupi, en ancienne porcelaine tendre de Saint-Cloud. Les yeux seuls sont colorés.

303 — Groupe de quatre figurines d'enfants sur rocher, représentant les Saisons, en ancienne porcelaine tendre et blanche.

304 — Deux assiettes en porcelaine tendre d'Arras, décorées de bouquets de fleurs polychromes.

305 — Sucrier oblong et à lobes sur plateau adhérent, en porcelaine tendre d'Arras, décoré de jetées de fleurs en bleu. Le bouton du couvercle est formé d'un artichaut, et il est accompagné d'une cuiller.

306 — Assiette à bords festonnés, en porcelaine dure de Clignancourt (marque en bleu au moulin), décorée de jetées de fleurs polychromes et ornements dorés au bord.

307 — Tasse trembleuse en porcelaine dure du temps de Louis XVI, décorée d'ornements et d'un médaillon en grisaille.

308 — Pot à eau et cuvette modèle bateau, en porcelaine dure, décorés de bouquets de pensées.

309 — Assiette à bordure gaufrée en porcelaine tendre de Tournay, décorée de bouquets de fleurs polychromes. Marque à la Tour dorée.

310 — Trois assiettes en porcelaine tendre anglaise, à décor de fleurs et bordure d'ornements en bleu.

311 — Vase balustre en porcelaine émaillée blanc, avec anses têtes de bouc, frise jeux d'amours et trophées d'instruments de musique réservés en biscuit.

312 — Groupe en terre de Sifflé : Paysan et bélier.

La vente a produit fr. 33.451. —

www.ingramcontent.com/pod-product-compliance
Lightning Source LLC
LaVergne TN
LVHW010004230826
846092LV00002B/636
* 9 7 8 2 3 2 9 5 1 6 3 4 9 *